AF402578

NOTICE

SUR

LE PROCÈS EN FAUX

DE

JEAN-JACQUES PÉRARD,

Sous Chef aux Bureaux de la Préfecture,

Honorablement acquitté, le 9 Pluviôse an 13, par arrêt de la Cour de Justice criminelle spéciale de l'Ourte.

Si ce n'est lui, c'est donc son frère,
ou quelques-uns des siens.

AN 13.

NOTICE

S U R

LE PROCÈS EN FAUX

D E

JEAN-JACQUES PÉRARD,

Sous Chef aux Bureaux de la Préfecture, honorablement acquitté, le 9 Pluviôse an 13, par arrêt de la Cour de Justice criminelle spéciale de l'Ourte.

DES PIÈCES, DES DÉBATS, DES PLAIDOIERIES.

MON procès paraissait être une calamité publique; la proclamation de mon innocence a reporté la joie dans toutes les familles.

Certes, je n'ai pas besoin d'une autre vengeance.

Mais un intérêt plus noble, un intérêt sacré reclame quelques soins encore! tandis que la lumière, sortie de ces débats si terribles à la PERVERSITÉ, sera fugitive, tandis qu'il pourra être douteux loin de nos contrées, que ma probité, si malignement inculpée dans les actes de l'instruction, a été glorieusement réhabilitée à l'audience, ceux-là qui, dans le délire de leur haine, avaient osé dire » *tout* » *est cru, tout est prouvé contre Pérard.* » Craindront-ils de dénaturer les élémens de la conviction de mes juges? hésiteront-ils à chercher, dans une source impure, cette AFFECTION UNANIME, INVARIABLE, que m'accorda un peuple profondément moral.

Je dois prévenir ou neutraliser ce dernier attentat; je dois assurer à ma respectable mère, à tous les miens, la satisfaction de s'honorer au milieu des amis de ma jeunesse, de la justice, de la solemnité de mon acquittement.

Je fixerai la vérité !

Je ne pense point à revenir sur les sacrifices que j'ai consentis lors des plaidoieries ; la réserve coûte peu à celui que *L'INDIGNATION PUBLIQUE A VENGÉ.*

Vers le 22 Germinal de l'an 12, Mr. Desmousseaux est mandé à Paris.

A quelques jours de-là, il se répand qu'on lui impute une lettre dans laquelle il aurait énoncé des doutes sur la conspiration qui désolait la France.

On se recrie généralement que la lettre est fausse, on s'étonne de l'ineptie comme de la scélératesse du faussaire.

Il se répand que Mr. Desmousseaux a méconnu, dès la première inspection, le caractère de la lettre, qu'il a éprouvé, à l'égard de la signature, un moment d'hésitation; „ *la signature a été surprise, le coupable est là.* „ La signature est aussi reconnue fausse. „ *Eh bien! celui qui avait pu la surprendre, l'aura fabriquée* „ ! ! !

Mr. Desmousseaux revient de Paris. . . .

Dans nos entretiens, sa confiance en moi est toujours entiere. . . . Se serait-il souvenu de la sévérité de ma franchise ! . . .

Le 8 Prairial an 12, son excellence le ministre grand juge, prescrit à Mr. le procureur-général, les recherches que sollicitait l'énormité du crime.

On recueille dans les bureaux de la préfecture les écritures de chacun des employés ; la plupart se plaignent avec moi, de la publicité d'une démarche qu'ils croient leur être injurieuse (1).

Il s'était établi des communications entre Mr. le procureur-général et l'administration (2).

Il n'est pas prouvé que *Madame* ait pris part aux conférences, et je me défends de croire, que leurs résultats se soient ressentis de la *modération de son caractère ;* mais ce qui est prouvé au procès, c'est que Mr. Desmousseaux donnait *un assentiment très-flatteur* aux dispositions que faisait Mr. le procureur-général (3).

---

(1) Dépositions de MM. Leroy, Boutet, Demeuse, etc. plaidoieries, etc.

(2) Déposition de Mr. Desmousseaux, du 14 Brumaire.

(3) Extrait de la lettre de Mr. Desmousseaux au procu-

Deux mois avaient passé. . . . *Madame* se rend à Paris dans les premiers jours de Thermidor. Personne ne doute qu'elle n'y soit appellée par des intérêts graves et pressans.

Quelqu'ait été l'intention de ce grand sacrifice, il est avéré aujourd'hui que dans le même temps, Mr. le procureur-général a informé le grand juge, des similitudes apperçues par lui (et par les personnes qu'il a dit avoir consultées), dans LES (1) écritures qui lui avaient été remises, rapprochées des pieces du faux.

Il est avéré, qu'il a demandé et obtenu que la vérification se fît à Paris, où des experts bien autrement éclairés que ceux de Liege, semblaient offrir des chances plus favorables à la découverte

---

reur-général, en date du 26 Prairial, et consignée au procès.

„ Je vous remets ci-joint, les *empreintes* que vous m'avez
„ communiquées, et que je trouve *fort bonnes*. „

Ces empreintes sont celles, dont il sera parlé sous le n° 5, lors de l'énonciation des pieces du corps du délit.

(1) *Dans* LES *écritures* . . . mais jusqu'aux 14 et 16 Fructidor, il n'y avait au procès *qu'une seule* piece de mon écriture . . . Il est vrai qu'il a pu être aussi question de l'écriture d'une autre personne, lors de l'information de similitudes; et en effet, *un autre SEUL avec moi, a trouvé au procès plusieurs pièces de son écriture, jointes à celle qui lui avait été demandée* . . . (Voyez l'épigraphe.) Cependant l'écriture de cette personne ne ressemble nullement à la mienne; elle est même si mauvaise qu'il faudrait une *imagination bien vive* pour y appercevoir des élémens d'analogies . . . avec aucune écriture.

du coupable; il est avéré que c'est d'après l'indice, puisé dans les rapports informes et illégaux de ces experts, que j'ai été incarcéré le 1er. Brumaire, an 13 (1).

On m'assure que mon arrestation répandit la consternation dans la ville, et que l'on disait alors dans certains bureaux que des experts de Paris m'avaient *affirmé* coupable ! ! !

J'ai fait graces des vexations de détail qui m'ont alors tourmenté; de la défense de prendre l'air *sur la terrasse*, à moins d'y aller au moment où on y lâche les malfaiteurs, des interruptions périodiques de mon sommeil, déterminées par le grand intérêt de s'assurer que je n'avais pas scié les barreaux de ma lucarne, pour me précipiter de 200 pieds, etc.; mais je dirai que mes liens ont été relâchés, lorsque j'ai menacé de l'humanité du tribunal; mais je déposerai ici l'hommage que j'ai rendu publiquement à *Mr. Bailly*, maire de Liege, qui, au grand scandale de mes geoliers, plus ou moins éminens, a pris sur lui de permettre à mes consolateurs, de ne point m'abandonner précisément après la *demi-heure*..... à *Mrs. Beaujean, Melotte; Frankinet*, trois de ses adjoints, qui m'ont consolé par leurs attentions délicates; hélas!

-----

(1) Vers dix heures, Mr. le procureur-général entre à mon bureau, et desire me parler... Nous marchons vers la place du portier, où de suite, un huissier et deux gendarmes, restés à la porte, entrent et s'assurent de ma personne.

je voulais plaindre Mr. *Dewandre*, je le vois encore, me serrant la main, levant les yeux au ciel, balbutiant des expressions de regrets.... Il semblait me dire, » le mal que vous éprouvez, vient *de plus haut*, mon cœur est brisé!.. et cet homme allait me porter le dernier coup !... passons.

Il avait été reconnu que, depuis mon emprisonnement, les rapports extra-judiciaires *devenaient inutiles* : (1) d'autres experts connus, *investis de la confiance de la cour*, et de celle de Mr. le procureur-général, avaient opéré loin de toute influence.

Je franchis l'intervalle, alors immense, qu'il m'a fallu parcourir, pour arriver à l'audience, où des magistrats, justement redoutés des méchans, ont daigné m'entendre.

MA MORALITÉ.

Calomnies déposées dans les actes du procès.	Vérités résultantes des débats.
Pérard a appris a Mr. Piette (aspirant au commissariat de police, et autrefois juge-de-paix, à Liege), que Mr. Desmousseaux l'avait desservi, en écrivant, contre lui, des horreurs au gouvernement ! donc Pérard	*Dans un entretien* de confiance *où Mr. Piette manifestait des inquiétudes sur sa nomination, à l'occasion de notes défavorables envoyées au gouvernement, lors du renouvellement des juges-de-paix, notes que l'on avait*

______

(1) Ces rapports n'ont pas même été lu à l'audience, ils ne devaient pas l'être; et Mr. le procureur-général s'est désisté de la demande qu'il avait faite à cet égard!!!!

Calomnies , etc. · *Vérités , etc.*

révele le secret des bu-
reaux , donc il est un
employé infidele , donc
il est indigne de la con-
fiance du chef de l'ad-
ministration.

Déposition spontanée
de Mr. Dewandre.

*dit être l'ouvrage d'un
auxiliaire du Préfet, je
lui observai qu'il était dans
l'erreur , que tous les actes
de l'administration étaient
le fait du chef, et je rap-
pellai à Mr. Piette qu'il
avait pris part à quelques
charivaris.*

*Jamais le mot d'hor-
reurs, ni aucun autre sem-
blable ou équivalent , ne
m'a échappé.*

Déposition de **M.** Piette
à l'audience.

*Ainsi point de révéla-
tions ; car Mr. Piette savait qu'on avait écrit ; et
qui ne le savait pas ! point
d'infidélités ; car on aurait pu dire au COMPÈRE
DEWANDRE , qu'en dé-
tournant l'attention de Mr.
Piette sur les charivaris ,
j'avais respecté le secret
des bureaux. (1)*

---

(1) Le pauvre Dewandre a été si *honteux* à l'audience,
que tandis qu'on lui fait dire qu'il s'en vengera, J'entre-
prends de l'excuser... Il se partage entre *tant de services*,
que l'infidélité pourrait absolument n'être que dans sa mémoire. Peut-être aurait-il erré plus malheureusement encore
s'il avait été distrait par la méditation de quelques mesures
contre *la mendicité.*

Calomnies, etc.	*Vérités, etc.*
En présence de Mr. Demets, ancien chanoine à Huy, Pérard et M... ont tenu des propos qui prouveraient ou le mécontentement, ou les mauvaises dispositions nourries contre Mr. Desmousseaux. *Réquisitoire du 24 Brumaire.*	*Mr. Demets ne connaît pas Pérard, il ne lui a jamais parlé ni écrit, il ne l'a jamais vu. Il ne connaît pas davantage M... Il n'a jamais entendu ni ouï dire aucune conversation, soit de l'un, soit de l'autre, soit de tous deux, concernant Mr. Desmousseaux.* Déposition de Mr. Demets, 16 Frimaire.
Pérard a été mis en jugement pour un délit de faux, lorsqu'il servait dans le 15e régiment de cavalerie. *Lettre du procureur-général, du 24 Brumaire an 12.*	*Pérard n'a jamais été inculpé, ni accusé d'un faux.* Déposition de Marti, 22 Brumaire an 12.
Pérard étant en garnison à Givet, en l'an 2, a fait destituer plusieurs de ses chefs. Il a été arrêté. Il a quitté le corps, où il était haï et détesté, à cause des dénonciations qu'il faisait dans les clubs. (*a*)	*Lorsqu'en l'an 2er. le régiment, où Pérard venait d'arriver, s'est plaint du dénuement qu'il imputait aux chefs, etc. Pérard a défendu deux capitaines. Il n'a pas été arrêté, il était chéri, considéré au régiment : à toutes les époques, il a été membre du*

(*a*) Mr. le procureur-général m'avait d'abord reproché mon apparition à la tribune d'une société populaire. Depuis que les *fauteurs* de Marti ont été démasqués, ce reproche n'a pas été reproduit. Au surplus, je ne nie pas d'être monté

Calomnies, etc.	Vérités, etc.
Déposition de Marti, ancien cavalier ; ordonnance du sous-Préfet de Huy, à Mr. Robinot-Varin.	*conseil d'adminiſtration.* *Il est resté au régiment plus de trois ans, après qu'il eut quitté Givet ; car il s'est battu à Charleroi, à Namur, à Esneux, à Duren, à Coblentz ; il était au siege de Luxembourg, etc.* Déposition de **Marti**, à l'audience. **Ce malheureux** *Marti,* (1) *interpellé sur ses contradictions, vraiment effrayantes, a persisté dans sa déposition orale, et s'est excusé de la premiere en termes flétrissans pour ses raccolleurs (l'expression est restée dans les plaidoieries).*

à la tribune, où j'ai défendu l'innocence ; et d'après mes principes, je ne me croirais pas plus reprochable, *si accusateur public près d'un tribunal révolutionnaire* (n'ayant jamais dénoncé ni poursuivi la vertu malheureuse) *j'avais affecté dans mes fonctions le costume du temps, la chemise bleue, la poitrine débraillée, le grand sabre, les moustaches, le ceinturon jaune, les pieds nus et la casquette à la Crispin.*

(1) Cet ancien camarade, homme qui m'avait en ces pays des obligations connues, avait pu être entraîné à m'outrager !!! Touché de son repentir, je l'ai plaint de l'ascendant *immédiat* de Mr. Robinot-Varin, qu'il n'a pas nié.

Eh ! Mr. Robinot-Varin, *qu'auriez-vous fait dans cette*

Après cette épreuve, j'ai exposé ma vie entiere. J'ai dit, qu'étant sorti de l'école militaire de Brienne dans les premiers temps de la révolution, et à l'âge de quinze ans pour servir la liberté, j'avais professé dans le monde les principes d'une éducation libérale ; et ce Marti rendu à lui-même venait de proclamer mes services, ma conduite toujours honorable sous les drapeaux. J'ai dit que, marié à Rheims dans le sein de ma famille, j'avais bientôt été élevé par les suffrages de nos principaux citoyens au grade de capitaine de l'une des compagnies nationales. La satisfaction de mes maîtres à Brienne, les regrets de mes camarades du 15me. régiment de cavalerie, la considération qui m'avait environné dans ma patrie native, tout était prouvé par des actes authentiques.

A Liege, où je vivais depuis près de cinq ans, je m'étais livré concurremment aux devoirs de mon emploi et à l'étude des mathématiques, de la chimie, de la botanique, sous la direction de mes camarades Mrs. Pitou et Thomassin, professeurs de

---

galère ?... Ne pouvez-vous consacrer à des soins aimables ou utiles le peu de l'oisirs que vous laisse *l'affection si empressée des Hutois ! Que n'expliquez-vous votre inscription au tableau des 600 plus imposés ! Arrachez,* croyez-moi, *cette fâcheuse épine,* qui a stérilisé LE CHAMP DE VOTRE ADMINISTRATION. (Voyez le N°. 113, du Mémorial administratif.) Ensuite traduisez en langue vulgaire vos VASTES *rapports statistiques,* ou sacrifiez encore Aristide et Socrate à vos étranges paralleles. Mais, ô Mr. Robinot-Varin, vous ici, Eh ! que *diable, auriez-vous fait dans cette galere !*

l'école centrale, et chefs de bureaux à la préfecture ; ces Mrs. l'attestaient.

La sollicitude qu'avait excité mon malheur, déposait de ma pureté dans mes relations avec les administrés; les promotions qui m'avaient rapproché à diverses époques du chef de l'administration, les distinctions qu'il m'avait accordées, démontraient sa confiance dans mon caractere autant que l'utilité de mes services.

Ainsi, à Liege, à Rheims, à l'armée, il n'était pas un homme, pouvant se servir à-la-fois de sa conscience et de sa raison, qui fut tenté de m'accuser, de me soupçonner d'une action même équivoque, d'une pensée même indélicate; et voilà que tout-à-coup, on m'imputait un crime qui, par sa nature suppose le sentiment de l'habitude de toutes les lâchetés!!!

Comme si la confiance de Mr. le procureur-général se fut épuisée dans l'instruction, il a conservé des doutes *sur la maniere dont j'étais sorti du régiment* (1). Ma moralité lui a paru un peu amé-

____

(1) J'avais essayé de vaincre le septicisme de Mr. le procureur-général, par la production d'un ordre de service, qui me faisait passer dans une administration militaire; il était prouvé d'ailleurs que lors de ma sortie du régiment à Strasbourg, mes camarades m'avaient fait la conduite d'adieux; enfin j'avais mis mon congé définitif sous les yeux de la cour; cependant le lendemain de ma délivrance à 7 heures du matin, ma femme a été ramenée à de tristes souvenirs par la survenance de deux gendarmes... Mais hélas! je ne suis pas plus déserteur que faussaire, *mes bons amis*, et il faut vous résigner à la présence d'un homme qui sait *tout* ce que vous avez voulu, *tout* ce que vous avez tenté, *tout* ce que vous avez fait.... et qui vous pardonne.

liorée, mais il a plaidé que ,, DANS LA VASTE ,, SÉRIE DES PERSONNES QUI CROYAIENT ,, AVOIR A SE PLAINDRE DE MR.......... ,, Je ne sais pas plus abuser des naïvetés, que me plaindre des suppositions et des erreurs.

Je reviens à l'examen de l'accusation dégagée de tant d'épisodes *honorables* pour leurs inventeurs. Il convient de dire d'abord quelles pièces étaient présentées, comme constituant le corps de délit au premier Brumaire an 13.

1°. Une lettre fausse signée du nom Demousseaux, sous la date du 19 Ventôse an 12 , et supposée écrite à un fonctionnaire, de qui le nom ou la fonction n'est pas lisible.

2°. Une bande pareille à celles qui couvrent habituellement les dépêches de l'administration ; celle - ci frappée du timbre de la préfecture de l'Ourte, et que l'on supposait n'*être là que parce qu'elle avait couvert la lettre fausse.*

3°. Un billet informe, anonyme, d'écriture grossière, dans lequel, en annonçant à son excellence le grand juge l'envoi de la lettre fausse, on indique à ce ministre qu'il y verra les sentimens de M. Desmousseaux pour une personne sacrée.

4°. Une enveloppe frappée du timbre *Liege*, et portant l'adresse ou suscription à son excellence, ~~sur~~ laquelle enveloppe avait été scellée de trois empreintes *déformées , mutilées.*

5°. Trois empreintes *nettes* et *entières*, relevées ou imitées (*a-t-on dit*) sur celles qui avaient scellé l'enveloppe, et présentant une république armée d'une pique, s'appuyant sur un bouclier. -- Légende illisible (1).

DISCUSSION DU PROCES.

Culpabilité (a).　　　　Innocence.

1°. La lettre fausse a été écrite sur du papier que le fabricant reconnaît avoir fourni exclusivement à la préfecture ; la lettre d'envoi, l'enveloppe, sont de la même fabrique.

Le papier de la préfecture a pu être distrait par un domestique, un étranger, même dans l'attelier de l'imprimeur ; il a pu passer ensuite en d'autres mains, parcourir de grandes distances.

(Déposition des employés.)

Le papier des deux autres pieces du corps du délit, se vend à qui en demande, et se transporte par tout.

(Déposition de Mr. Renoz.)

La lettre imputée au préfet, suppose qu'il ne croit pas nécessaire de convo-

Une conséquence opposée ressort indispensablement de la date, de l'objet de la lettre, et de toutes les circonstances environnantes.

Le faussaire a dû être assez loin

---

(1) Ces empreintes *approuvées* de Mr. Desmousseaux, n'ont pas reparu à l'audience ; toutes recherches sur l'origine du cachet, instrument du crime, auraient-elles été préjugées infructueuses ?

Voici comment on a repoussé mes regrets : le crime a été évidemment commis à la préfecture, les voies qui auraient conduit vers un autre but, ne pouvaient donc être que de fausses routes.

Belle conclusion et digne de l'exorde !

(*a*) L'expression est historique.

Culpabilité. | Innocence.

quer les autorités, à l'effet de rendre graces de la découverte de la conspiration.

Cette lettre est datée du 19 Ventôse, le *Te Deum* se chantait le lendemain 20. Le faussaire était donc assez près du préfet pour savoir que la lettre parviendrait au gouvernement, avant qu'il eut connaissance de la célébration de la cérémonie religieuse.

Le faussaire était donc à la préfecture.

du préfet pour ignorer qu'au 19 Ventose, veille du jour où le Te Deum fut chanté, il y avait sept jours qu'il avait été annoncé, que les autorités avaient été convoquées, par un mandement de l'évêque (1), inséré dans les feuilles publiques, transmis aux communes par la correspondance administrative et envoyé au gouvernement.

Ainsi, pour admettre le systême de Mr. le procureur-général, il faudrait supposer que le faussaire aurait consenti à commettre un crime stérile, qui n'aurait eu que l'effet d'appeller sur Mr. Desmousseaux l'intérêt du gouvernement ! ! !

Une bande scellée du timbre de la préfecture,

Cette bande a fait naître de sinistres inquiétudes : on s'est demandé d'où elle venait, à quelle époque elle

____

(1) Ce mandement est du 12 Ventôse.

Culpabilité.	Innocence.
faisait partie du corps de délit.	*avait été attachée au corps du délit ?*
	Elle n'avait été indiquée dans aucune des transmissions de son excellence le grand juge, à Mr. le procureur-général (8 Prairial, 29 Thermidor an 12, 27 Vendémiaire an 13).
	Elle n'avait pas été d'abord présentée à Mr. Renoz, lorsque le 22 Thermidor il fut invité à déclarer s'il reconnaissait les papiers des pieces de corps du délit, et à laisser au procès des papiers de comparaison. C'est seulement le premier Brumaire an 13, lors de mon interrogatoire par Mr. le procureur-général, que la présence de la bande devient constante ; c'est seulement le treize Brumaire an 13, que Mr. Renoz la rencontre au rang des pieces, et déclare qu'il n'est pas certain que le papier sorte de sa fabrique.
La bande a couvert la lettre fausse.	*Il est démontré que cette bande n'a pas couvert la lettre imputée à Mr. Desmousseaux, les dimensions des deux pieces ne permettant point de les adapter l'une à l'autre. Mr. le procureur-général l'a éprouvé, et reconnu à l'audience ; ainsi rien ne prouve que le*
Donc le faux est sorti des bureaux de la préfecture.	*faux soit sorti des bureaux de la préfecture.*

B

Culpabilité.

Ferard avait un intérêt considérable à commettre le crime, il désirait arriver à la place de chef de bureau, et son patron vivant en mésintelligence avec Mr. Desmousseaux, cet avancement paraissait subordonné à l'arrivée d'un autre préfet.

Innocence.

*Dans son étonnement, Mr. le procureur-général a déclaré ce que nous savions tous, que ce n'était pas lui qui avait attaché la bande au corps du délit ; mais ce qui est aussi certain, c'est que la présence de la bande n'a pu être un moment utile qu'*AU PROJET DE SIGNALER LE CRIME DANS LES BUREAUX ! O PROVIDENCE !!!

Intérêt CONSIDÉRABLE, *en effet ! j'ai personnellement eu à me louer d'une constance remarquable dans l'affection de Mr. Desmousseaux. Admis depuis huit mois à communiquer immédiatement avec lui, je jouissais des prérogatives les plus désirables du grade de chef ; les 400 frs. dont mon traitement pouvait s'accroître, lors d'une promotion effective, m'étaient indifférens, inutiles, je ne desirais cette promotion que par honneur, et pour le temps où Mr. Pitou, nous quittant, elle ne pourrait m'être refusée sant injustice ; le préfet me l'avait promise. Vers l'époque présumée du délit, à l'occasion d'un travail que j'avais préparé pour le conseil général, Mr. Desmousseaux m'avait encore exprimé en termes plus obligeans sa satisfac-*

Culpabilité.   Innocence.

tion, il avait communiqué à Mr. Pitou les espérances plus élevées que lui donnaient mes moyens et mon zele.

Mr. Pitou, aujourd'hui directeur des droits réunis, a attesté, développé ces faits qui étaient aussi à la connaissance de plusieurs de mes camarades, [ainsi mon intérêt était tout entier dans la prolongation des services de Mr. Desmousseaux à Liege].

En effet, je l'aurais bien caché ce dessein là.... Mais en prenant un passeport à l'avance, je me plaçais sous les yeux des autorités, mais c'est le sept Fructidor, que je prends un passeport, et le premier Brumaire, je suis encore à Liege, il faut avouer du moins que je me hâtais lentement !

L'administration avait perdu Mr. Pitou depuis trois mois, et l'ajournement des promesses du préfet, devenait trop pénible à ma délicatesse, je pris un passeport ; mes amis, mes camarades le savaient : ils connaissaient mes motifs.

(Déposition de Mrs. Demany, Mayence, Valtery, etc.)

2°. Pérard a pris, au mois de Fructidor, un passeport : lorsque Mr. Dewandre lui demanda pourquoi il restait, il lui répondit que le passeport pouvait servir tout un an : réponse vague qui cachait le dessein de fuir.

Informé, bientôt après, que la fausse lettre était sortie du greffe, que les poursuites, alternativement

Culpabilité.   Innocence.

annoncées et démenties, pourraient être dirigées contre un autre ou contre moi, *je suis resté. Je n'ai donc pas voulu fuir ; et l'incident du passeport, ne se rapproche du procès que parce qu'il prouve ma sécurité, au sein de l'espionnage et des intrigues.*

3°. Pérard a contrefait la signature du préfet.

Oui, je me suis amusé de ce jeu, connu de toute antiquité dans les bureaux des administrations, dans les cabinets des jurisconsultes, par-tout où se rassemblent des jeunes-gens ; mais j'ai fait la signature de Mr. Desmousseaux publiquement, toujours currente calamo, *appellant toujours mes camarades pour juger de mon habilité : je l'ai faite il y a deux, trois ans, je l'ai faite encore depuis que le crime avait été commis.*

(Déposition de Mrs. Pitou, Demany, Bourceau, Valtery, Mayence, etc.

Il répugne au bon sens, 1°. que celui-là commette un faux qui peut se souvenir qu'il a fait preuve de son aptitude à imiter ; 2°. que celui-là qui se serait dégradé par un faux, donne bientôt après des armes contre lui, dans le lieu même où il se serait rendu coupable.

Lorsque Pérard paraphe, dans le

Cette piece était la minute d'une lettre à un fonctionnaire du départe-

Culpabilité.

bureau, la piece de son écriture, destinée à la vérification, il y a rature plusieurs mots : or, ces mots raturés, étaient *précisément* ceux qui auraient présenté, avec les caracteres du faux, les similitudes les plus inquiétantes.

Deux experts, attachés à la cour de justice criminelle de la Seine, estiment 1°. que les écritures des diverses pieces, sont sorties de la même main.

Innocence.

ment, sur la répression des charivaris ; en la relisant, je saisis quelques expressions séveres, telles que faiblesses, désordres habituels, exemple funeste, et il ne me parut point convenable de les laisser parvenir à des autorités étrangeres à l'administration ; cédant à ce sentiment, dont je m'honore, je les effaçai.

Au reste, à qui serait assez habile pour découvrir des traits de similitude, à présent que les mots sont raturés, je réponds que je n'avois rien soupçonné de pareil, lorsque les mots étaient lisibles ; puisque si j'avais eu la conscience d'un danger quelconque, je pouvais substituer à cette piece l'une ou l'autre des 4000 feuilles de mon écriture, qui reposaient dans mon bureau.

J'ai dédaigné de plaider la nullité de ces rapports faits à Paris, sans le concours du tribunal saisi de l'affaire, sans qu'un serment spécial, sans que la présence d'un magistrat aient offert ces garanties si précieuses à la société, si impérieusement reclamées par la justice (2).

______

(1) 1°. Dans quel lieu opéraient ces experts?

2°. Qui leur a présenté les pieces?

3°. Les experts étaient-ils seuls? La copie collationnée, des rapports laisse, sur ces questions assez intéressantes, la plus pénible incertitude !

Culpabilité.

2°. Que Pérard en est l'auteur.

3°. Que le caractere de la fausse lettre est simulé et contrefait.

Innocence.

Mais du moins il a été avoué par Mr. le procureur-général, que vers une époque connue, rencontrant (ainsi que les personnes qu'il avait consultées) des similitudes dans mon écriture, et dans celles du faux, il avait communiqué au ministre ses doutes, en lui demandant de faire des dispositions pour que la vérification eût lieu à Paris; et si Mr. le procureur-général avait été servi complettement par sa mémoire, il aurait pu reconnaître aussi qu'il avait joint aux pieces ,, une note explicative pour ,, faciliter aux gens de l'art les ,, moyens de comparer les pieces ,, entr'elles, et de découvrir l'au- ,, teur du faux! ,, (Lettre du 29 Thermidor an 12.)

Deux experts de Liege, commissionnés par la cour, ont déclarés, sous serment, que 1°. les écritures de faux ne leur paroissaient pas être de la même main; 2°. que Pérard n'était l'auteur d'aucune; 3°. que la lettre fausse était d'une écriture naturelle et point contrefaite; ce qui exclud toute idée de ressemblance entre cette écriture et la mienne; et ces experts opéraient certainement sous les yeux d'un magistrat; ils operaient certainement dans l'isolement de toutes

Culpabilité.

Innocence.

parties intéressées, ils opéraient certainement sans aucune direction écrite, certainement loin de toutes sollicitations, de toutes insinuations orales.

Les experts de Paris sont plus habiles.

Oh oui, très-habiles ! ...mais les experts de Liege, qui exercent presque sans interruption, ont la réputation d'exceller aussi dans leur art, ils ont la réputation d'une grande probité, et Mr. le procureur-général ne les a pas recusés.

Les experts de Paris ont donné en la partie de leurs réponses, qui inculpent Pérard des développemens que me présentent pas les déclarations négatives des experts de Liege.

Les experts de Liege ont dit à la cour, sous la foi du serment, Mr. le commissaire délégué a confirmé que les développemens entiers du résultat d'une vérification de 7 heures pour l'un, de dix heures pour l'autre, amenant des volumes d'explication à raison de la multiplicité des dissemblances qui avaient été saisies entre les caractères du faux, et mon écriture, chacun des experts avait exprimé le vœu d'ajourner jusqu'à l'audience, l'exposition de quelques détails.

Mr. le commissaire qui avait assisté à leur travaux, qui avait entendu leurs observations détaillées, avait consenti à l'ajournement ; et à l'audience cinquante interpellations de tout genre, ont

Culpabilité.   Innocence.

été l'occasion, d'autant d'expli-
cations lumineuses (1).

Ainsi, ma moralité est irréprochable, je n'avais
aucun intérêt à démentir ma vie entiere, par le crime
recherché, je ne l'ai évidemment pas commis, la cour
l'a unanimement reconnu; et l'arrêt, qui (contre les
conclusions de Mr. le procureur-général) m'a si honorablement acquitté, décide qu'il *ne résulte, ni des
pieces, ni des débats, que je sois l'auteur du faux.*

Que reste-t-il de ce procès ? il reste … UN SCAN-
DALE, DONT LE SOUVENIR NE S'EFFACERA
PLUS DANS NOS CONTRÉES. Il reste … des
calomnies, des *sollicitations*, des *manœuvres*, ignorées
de Mr. le procureur-général, sans doute, et dont la
révélation aurait épargné à ce magistrat quelques
momens d'une funeste erreur.

Les débats n'ont-ils pas dévoilé assez de *turpitudes* !!!
On ne sait, ni indiquer l'origine, ni expliquer la

---

(1) Mr. Desmousseaux, craignant de se tromper dans
une affaire aussi grave, (QUELLE RÉSERVE !) s'en est rap-
porté (déposition du 14 Brumaire) à ce que les experts vérificateurs de Paris ont déclaré ; (sans doute, comme Mr. le
procureur-général, il a trouvé ces rapports FORT BONS) et
moi, *en tout*, plus heureux que Mr. Desmousseaux dans ma
confiance, je m'en rapporte à ce qu'ont dit, à cet égard, les
experts vérificateurs de Liege. Je ne crains pas de me tromper, car grâces aux discussions vives et prolongées, que fa-
cilitait à Mr. le procureur - général l'*habilité* des experts de
Paris, ceux de Liege ont imprimé, dans tous les bons esprits,
la conviction de leur indépendance, de leur sagesse et de
leur sagacité.

présence d'une piece qui, rapprochée du corps du délit, semblait corroborer d'indignes soupçons.

Des témoins ont démenti d'affreuses espérances; d'autres témoins ont été convaincus de mensonges; d'autres ont retracté les infamies commandées à leur faiblesse.

Il faudra se taire à jamais sur ces rapports *tant vantés*, qui ne pouvaient servir, qui n'ont en effet servi que pour le scandale de ma longue détention.

Tous les masques sont tombés....

Les préventions suscitées contre l'homme de bien, ont fui devant la démonstration de son innocence.

Mon triomphe s'est aggrandi de toutes les jouissances précieuses à l'honneur.

Des milliers de citoyens ont couvert, de leurs acclamations, l'arrêt qui m'a rendu à la liberté!

Ah! jamais je n'oublierai l'effusion de la joie si vive de chacun de mes concitoyens de tous les rangs, et leurs embrassemens, et les empressemens d'une population de deux cent mille français, qui se sont prononcés avec une énergie, une unanimité, une constance, que peut seule entretenir l'évidence d'une HORRIBLE PERSÉCUTION. (1)

---

(1) Celui qui observe l'excellent caractere de mes compatriotes, leur vénération, leur amour pour NAPOLEON, se rappelle, comme involontairement, cette exclamation touchante des français que vexait un intendant du bon Henri, „ *ah! si le Roi le savait...* „

P É R A R D.

A LIEGE, de l'Imprimerie de H. DESSAIN, Libraire, vis-à-vis du Palais.